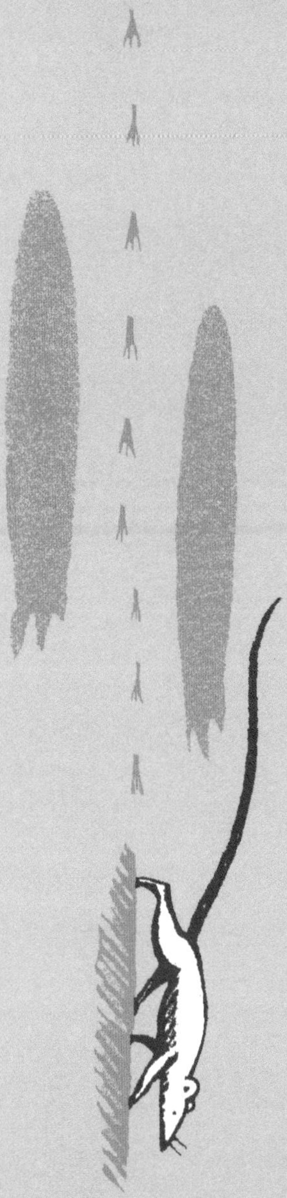

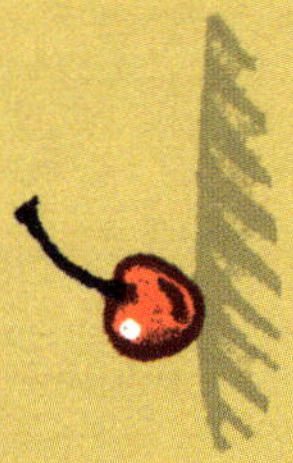

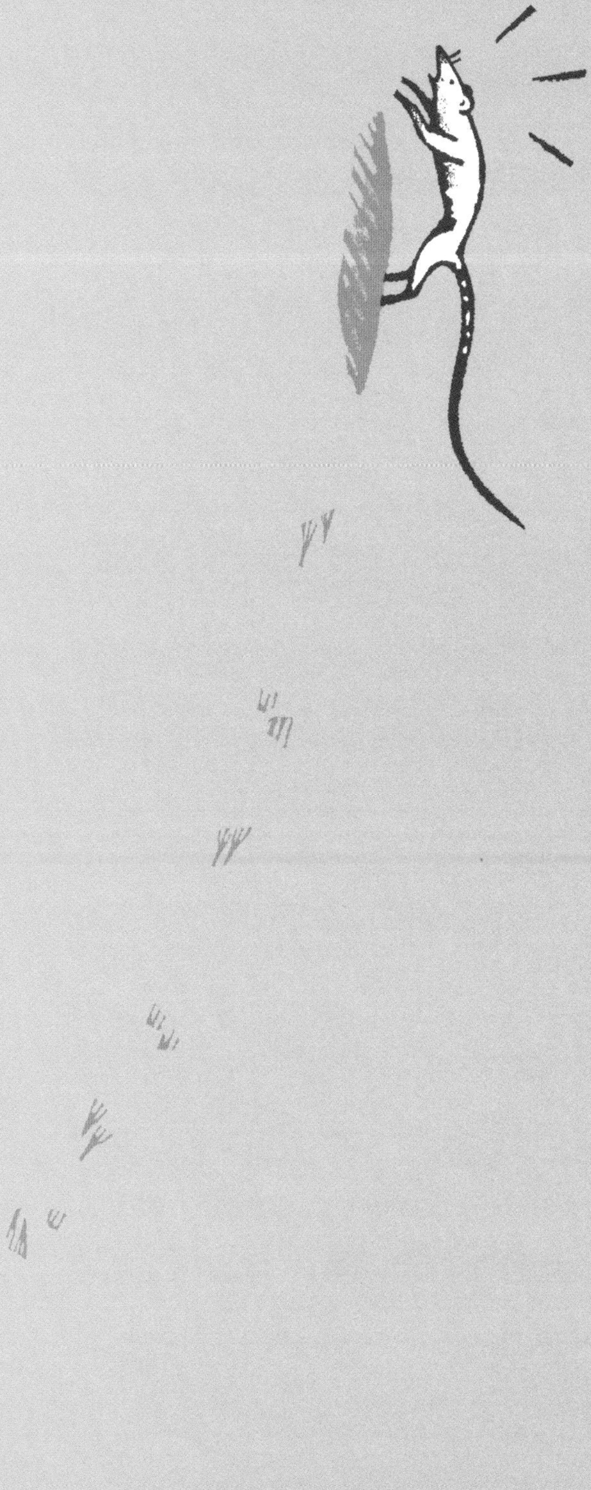

Histoire sans paroles

La cerise

OLIVIER CHARPENTIER

Autrement Jeunesse

La cerise, publié par les Éditions Autrement,
77, rue du Faubourg-Saint-Antoine, 75011 Paris.
Tél. : 01 44 73 80 00 – Fax : 01 44 73 00 12

ISSN : 1269-8733. ISBN : 2-7467-0851-5
Dépôt légal : septembre 2006
Photogravure : Quebecor World. Numeric Paris
Fabriqué en France par ***Partenaires Book***®

Conforme à la loi n° 49-956 du 16 juillet 1949 sur les publications destinées à la jeunesse.